Petit monde vivant

LES AMPHIBIENS

Bobbie Kalman

Les amphibiens est la traduction de *What is an amphibian ?* de Bobbie Kalman.
© 2000, Crabtree Publishing Company, 612 Welland Ave., St. Catherines, Ontario, Canada L2M 5V6

Traduction : Guillaume Forget

Données de catalogage avant publication (Canada)

Kalman, Bobbie, 1947-

    Les amphibiens

    (Petit monde vivant)
    Traduction de: What is an amphibian?
    Pour enfants de 6 à 10 ans.

    ISBN 2-920660-75-6

    1. Amphibiens - Ouvrages pour la jeunesse. I. Titre. II. Collection: Kalman,
Bobbie, 1947-   . Petit monde vivant.

QL644.2.K3514 2001   j597.8   C2001-941140-5

Nous reconnaissons l'aide financière du gouvernement
du Canada par l'entremise du Programme d'Aide au
Développement de l'Industrie de l'Édition (PADIÉ)
pour nos activités d'édition.

Le Conseil des Arts | The Canada Council
du Canada | for the Arts

Éditions Banjo remercient
le Conseil des Arts du Canada du soutien
accordé à leur programme d'édition dans
le cadre du programme des subventions
globales aux éditeurs.

Cet ouvrage a été publié
avec le soutien de la SODEC.

Gouvernement du Québec – Programme de crédit
d'impôt pour l'édition de livres – Gestion SODEC.

Dépôt légal – 3ᵉ trimestre 2001
Bibliothèque nationale du Québec
Bibliothèque nationale du Canada
ISBN 2-920660-**75**-6

Les amphibiens
© Éditions Banjo, 2001
233, av. Dunbar, bureau 300
Mont-Royal (Québec)
Canada H3P 2H4
Téléphone: (514) 738-9818 / 1-888-738-9818
Télécopieur: (514) 738-5838 / 1-888-273-5247
Site Internet: www.editionsbanjo.ca

Imprimé au Canada

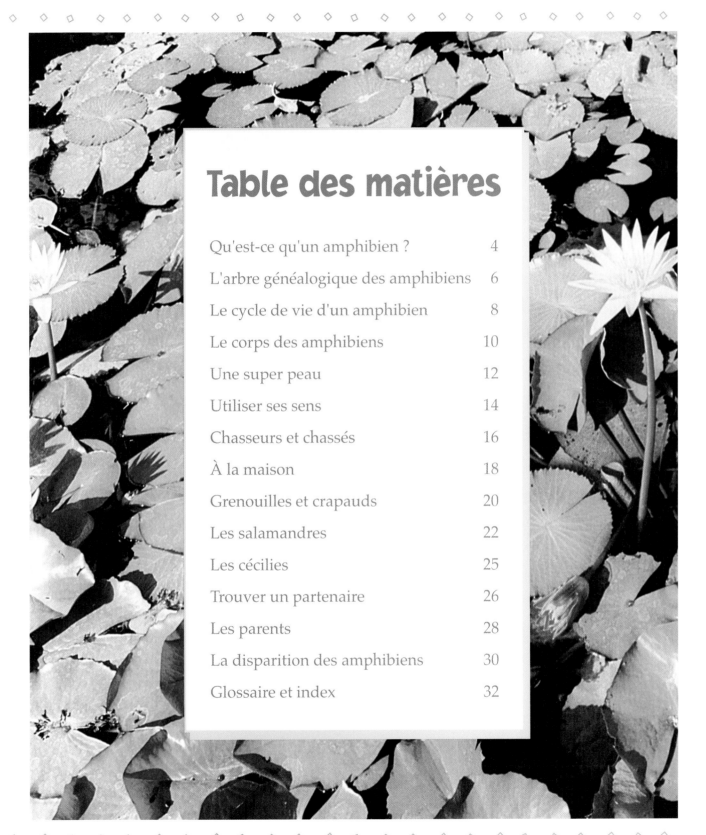

Table des matières

Qu'est-ce qu'un amphibien ?

Le nom *amphibien* vient du mot latin *amphibia* qui signifie « double vie ». Les amphibiens sont les seuls animaux qui vivent sous l'eau pendant la première partie de leur vie et qui peuvent vivre sur terre à l'âge adulte. Ce groupe d'animaux comprend les grenouilles, les salamandres et les cécilies. On trouve des amphibiens partout dans le monde, excepté dans les eaux salées et sur le continent antarctique. Les amphibiens sont des animaux à **sang froid**, comme les reptiles et les poissons. La température corporelle d'un animal à sang froid ne reste pas constante, c'est-à-dire qu'elle n'est pas toujours la même. L'animal est aussi chaud ou froid que l'air ou l'eau qui l'entoure. Lorsqu'il a trop froid, l'amphibien se place au soleil. Lorsqu'il a trop chaud, il se réfugie à l'ombre.

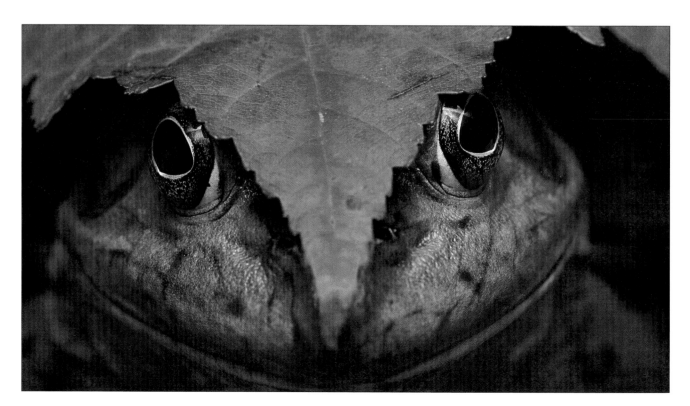

La plupart des amphibiens, comme ce ouaouaron, vivent dans des endroits frais. Ils se reposent le jour et sortent la nuit.

Les premiers sur terre

De nombreux scientifiques pensent que la vie sur notre planète a commencé dans les océans. Il y a environ 360 millions d'années, certains poissons ont développé des **poumons** pour respirer l'air et des nageoires rigides pour se déplacer sur terre. Ces animaux ont été les ancêtres des premiers habitants de la terre, les amphibiens.

Les amphibiens ont évolué, ils ont changé au cours des âges. Le corps des amphibiens adultes s'est adapté à la vie sur terre, bien qu'ils vivent toujours une partie ou toute leur vie dans l'eau.

Les amphibiens, comme ce triton nain de Chine, peuvent échapper à leurs ennemis sous-marins en allant sur terre.

Les pattes de cette jeune grenouille sont assez fortes pour lui permettre de marcher sur terre pour la première fois.

L'arbre généalogique des amphibiens

Il y a plus de 4500 sortes d'amphibiens. Ils sont divisés en trois ordres, ou groupes. Les grenouilles appartiennent à l'ordre *Anura*, les salamandres à l'ordre *Caudata*. L'ordre *Gymnophiona* est composé des amphibiens sans pattes appelés cécilies.

Gymnophiona

Les cécilies sont les seuls membres de l'ordre *Gymnophiona*. Il y a environ 160 sortes de cécilies. Elles ressemblent à de petits serpents sans écailles. Le mot *gymnophiona* signifie « serpents nus ».

Anura

Le mot *anura* signifie « sans queue ». Les adultes de l'ordre *Anura* n'ont pas de queue. Il existe environ 4000 espèces, ou sortes, d'anoures ou de grenouilles. Les crapauds sont une espèce de grenouilles.

(à gauche) Le bufo géant est le plus gros crapaud du monde. On le retrouve à plus d'endroits sur terre qu'aucun autre amphibien.

(ci-dessous) La grenouille toxique vit dans la forêt tropicale.

Caudata

Le mot *caudata* signifie « avec une queue ». Il y a environ 350 espèces dans l'ordre *Caudata*. Les caudates sont différentes sortes de salamandres.

(ci-dessus) La salamandre de feu pousse un cri perçant lorsqu'elle est contente ou effrayée.

(ci-dessus) Les tritons sont les seules salamandres ayant une peau rugueuse.

(à droite) Les motifs bruns du necture tacheté lui permettent de se confondre avec le fond boueux des rivières.

(ci-dessus) Les sirènes, comme cette sirène naine, n'ont pas de pattes arrière. Elles vivent uniquement en Amérique du Nord.

(ci-dessous) L'amphiume à trois doigts passe toute sa vie sous l'eau.

Le cycle de vie d'un amphibien

Chaque être vivant a un cycle de vie.
Ce sont les étapes que traverse une créature depuis sa naissance jusqu'à l'âge adulte.
Tous les êtres vivants grandissent et changent durant leur cycle de vie. Celui de l'amphibien comporte trois étapes : l'œuf, la larve et l'adulte. Les illustrations de ces deux pages montrent le cycle de vie d'une salamandre.

L'œuf est la première étape du cycle de vie. Le bébé amphibien qui grandit à l'intérieur de l'œuf s'appelle un embryon. Certains embryons grandissent si vite qu'ils ne mettent que quelques jours à éclore après que l'œuf a été pondu.

L'embryon qui éclot est appelé larve. Les larves sont bien différentes de leurs parents. Elles ont une queue, mais pas de pattes. Elles respirent sous l'eau grâce à des **branchies**.

(ci-dessus) Le ouaouaron reste un *têtard* pendant deux à trois ans avant de devenir adulte.

En grandissant, la larve entame sa métamorphose. La métamorphose est le changement d'une forme à une autre. Les membres de la larve commencent à pousser et ses branchies se rétrécissent lentement.

Je ne grandis pas !

L'axolotl, à droite, est une salamandre qui ne se trans-forme pas entièrement en adulte. Cette absence de changement est appelée néoténie. L'axolotl n'a pas l'hormone qui permet aux autres amphibiens de passer de la larve à l'adulte. Au lieu de cela, l'axolotl reste dans l'eau et conserve ses branchies toute sa vie. Les scientifiques ont découvert, après avoir donné l'**hormone** manquante à l'axolotl, que celui-ci grandissait et se transformait en un animal qui ressemble à la salamandre tigrée.

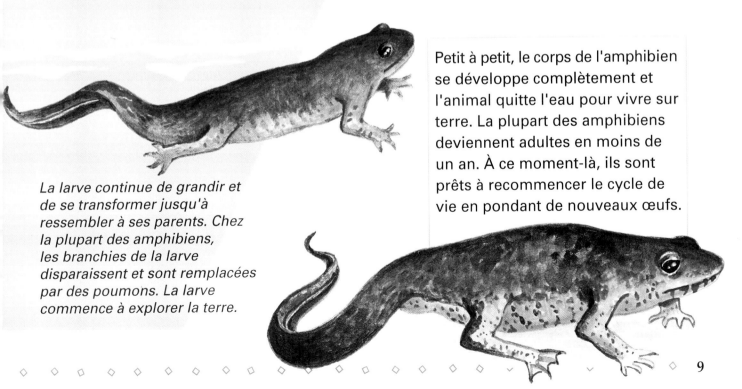

La larve continue de grandir et de se transformer jusqu'à ressembler à ses parents. Chez la plupart des amphibiens, les branchies de la larve disparaissent et sont remplacées par des poumons. La larve commence à explorer la terre.

Petit à petit, le corps de l'amphibien se développe complètement et l'animal quitte l'eau pour vivre sur terre. La plupart des amphibiens deviennent adultes en moins de un an. À ce moment-là, ils sont prêts à recommencer le cycle de vie en pondant de nouveaux œufs.

9

Le corps des amphibiens

Les amphibiens font partie d'un groupe animal plus important, les vertébrés. Les vertébrés sont des animaux qui ont une colonne vertébrale. Les reptiles, les oiseaux, les mammifères et les poissons sont aussi des vertébrés. Contrairement aux autres vertébrés, la peau des amphibiens est nue. Elle n'a ni fourrure, ni poils, ni plumes, ni écailles.

Les grenouilles (anoures)

Les grenouilles ont des pattes arrière plus longues que leurs pattes avant.

La plupart des grenouilles ont de gros yeux globuleux en haut de la tête. Elles les utilisent pour chercher de la nourriture et déceler les dangers.

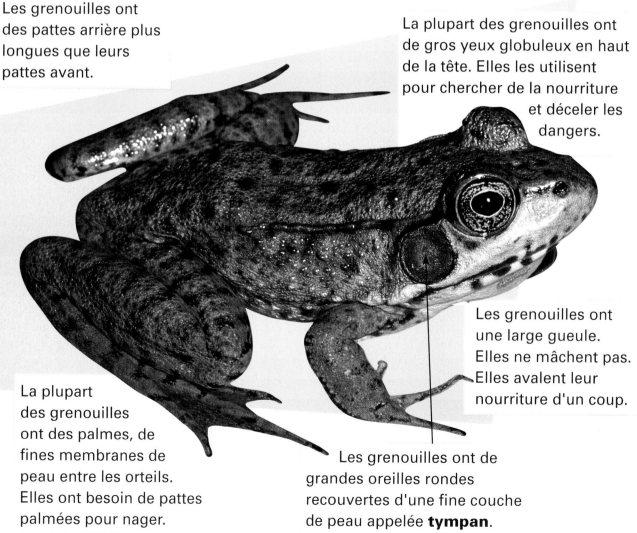

Les grenouilles ont une large gueule. Elles ne mâchent pas. Elles avalent leur nourriture d'un coup.

La plupart des grenouilles ont des palmes, de fines membranes de peau entre les orteils. Elles ont besoin de pattes palmées pour nager.

Les grenouilles ont de grandes oreilles rondes recouvertes d'une fine couche de peau appelée **tympan**.

Les salamandres (urodèles)

La salamandre a quatre orteils aux pattes avant et cinq aux pattes arrière. Comme les grenouilles, certaines salamandres ont les pattes palmées.

La plupart des salamandres ont une peau douce et brillante.

Certaines salamandres ont une queue un peu aplatie. De nombreux tritons possèdent une queue qui ressemble à une pagaie pour les aider à nager sous l'eau.

Les salamandres ont des pattes courtes, mais elles sont capables de courir vite et même de sauter pour échapper au danger.

Les cécilies (gymnophiones)

Les yeux de certaines cécilies adultes sont protégés par une couche d'os ou de peau.

Un capteur, à côté de chaque narine, sert à trouver de la nourriture.

Les cécilies ont des anneaux tout le long du corps qui les font ressembler à des vers.

Une super peau

Tous les animaux ont besoin d'**oxygène** pour vivre. Beaucoup d'amphibiens puisent l'oxygène dont leur corps a besoin en respirant par les narines. D'autres le captent à travers leur peau. Les amphibiens ont tous une peau poreuse, ce qui signifie qu'elle a de nombreux pores, des trous minuscules. L'oxygène passe à travers ces pores et se rend directement dans le sang. Le sang le transporte ensuite dans tout le corps de l'amphibien. Certaines salamandres adultes n'ont pas de poumons et ne respirent qu'à travers leur peau !

Ce triton vert se dépouille de sa peau. La peau de l'amphibien ne grandit pas en même temps que l'animal. À la place, elle pèle et se détache lorsqu'une nouvelle peau s'est formée au-dessous. Beaucoup d'amphibiens mangent la peau dont ils se dépouillent.

Un manteau visqueux

La plupart des amphibiens gardent leur peau en santé grâce à une pellicule humide et visqueuse appelée mucus. Ce revêtement les protège aussi contre les **prédateurs**, puisque ces derniers ont du mal à attraper le corps glissant des amphibiens.

Ne me touchez pas !

Certains amphibiens ont une peau qui sécrète du poison. Ce poison a bien souvent un mauvais goût et une très mauvaise odeur. Lorsqu'un prédateur mord un de ces amphibiens, ce goût affreux lui fait aussitôt relâcher l'animal.

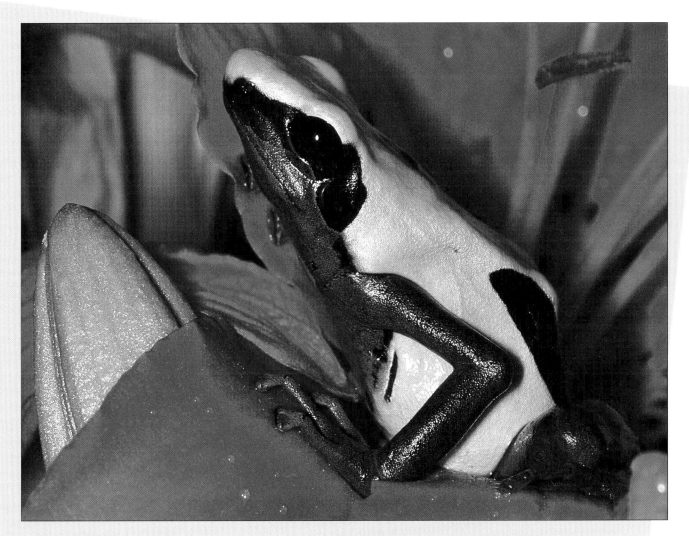

Les motifs colorés de cette grenouille toxique avertissent les prédateurs qu'il vaut mieux la laisser tranquille. Ces minuscules grenouilles possèdent assez de poison pour tuer plusieurs gros animaux — y compris les humains !

Utiliser ses sens

La majorité des amphibiens ont cinq sens : la vue, le toucher, l'odorat, le goût et l'ouïe. Cependant, les cécilies et certaines salamandres sont sourdes. Les amphibiens utilisent leurs sens pour trouver à manger, choisir un endroit pour vivre et détecter les ennemis.

Voir, c'est croire

Certains amphibiens comptent sur leur vue pour chasser. Ils voient mieux les objets en mouvement que ceux qui sont immobiles. Les animaux qu'ils chassent, leurs proies, sont donc en sécurité tant qu'elles ne bougent pas.

Qu'est-ce que ça sent ?

Beaucoup d'amphibiens vivent dans un milieu sombre. Lorsqu'ils sont sous terre ou dans des eaux troubles, ils font appel à leur odorat pour trouver des proies. L'odeur les aide aussi à trouver un partenaire ou un bon abri.

La plupart des amphibiens ont une paupière supplémentaire qui couvre et protège leurs yeux quand ils sont sous l'eau, lorsqu'ils sautent ou qu'ils dorment.

Certains amphibiens ne respirent pas par les narines comme les humains, mais les utilisent pour sentir.

Savourer le goût

Tous les amphibiens ont des **papilles gustatives** sur la langue. Les papilles gustatives perçoivent les saveurs et envoient des messages au cerveau de l'animal. Lorsqu'il a capturé une proie, l'amphibien utilise ses sens du goût et de l'odorat pour découvrir si sa prise est toxique ou nuisible. Si la proie a bon goût, il peut la manger en toute sécurité.

Qu'est-ce que j'entends ?

De nombreux amphibiens utilisent leur ouïe pour détecter l'approche d'un prédateur. Beaucoup l'utilisent aussi pour trouver un partenaire. Les grenouilles et les crapauds se servent de sons comme le coassement ou les gazouillis pour attirer leurs partenaires.

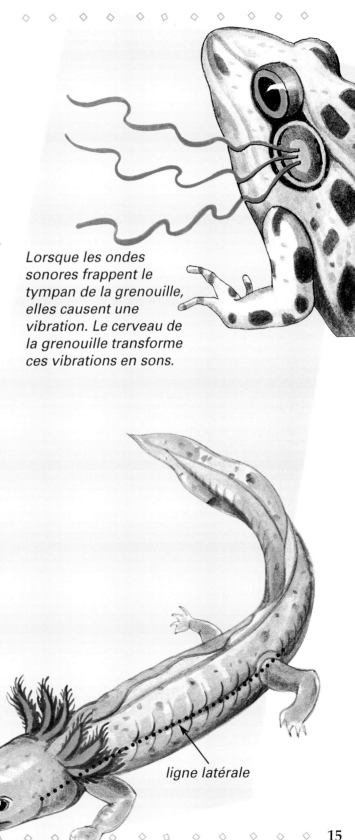

Lorsque les ondes sonores frappent le tympan de la grenouille, elles causent une vibration. Le cerveau de la grenouille transforme ces vibrations en sons.

Les lignes du toucher

La peau de l'amphibien est très sensible. Il ressent les vibrations et les change- ments de pression de l'eau grâce à des organes formant des lignes latérales. Ces organes envoient des messages au cerveau de l'amphibien pour lui indiquer la proximité des plantes et des animaux.

Les amphibiens aquatiques, comme ce necture tacheté, ont des organes disposés en ligne de chaque côté de leur corps. Les organes (points noirs) permettent à l'animal de ressentir ce qui se trouve dans l'eau autour de lui.

ligne latérale

Chasseurs et chassés

Tous les amphibiens adultes sont **carnivores**. Les carnivores mangent d'autres animaux. Ils mangent tous les animaux vivants qu'ils peuvent avaler : des insectes, des araignées, des escargots, des limaces et des vers de terre. Les grenouilles ont un gros appétit. Les grosses grenouilles mangent parfois des souris, des rats, de petits oiseaux et même de petites grenouilles !

Un seul coup de langue

La plupart des grenouilles ont une longue langue collante pour attraper leurs petites proies. Lorsqu'une grenouille repère un insecte, elle tire la langue, agrippe l'insecte et le ramène dans sa gueule. Ce mouvement est si rapide que l'insecte n'a aucune chance de s'enfuir.

Les grenouilles, comme cette grenouille arboricole cubaine, utilisent souvent leurs pattes avant pour mettre leurs proies dans leur gueule.

Proies communes

Beaucoup d'animaux mangent des amphibiens. Certains serpents ne se nourrissent que de grenouilles. Les poissons mangent aussi de nombreux œufs et larves d'amphibiens. Les amphibiens doivent aussi éviter les attaques aériennes des oiseaux. Leur poison peut parfois tuer les prédateurs, mais cette arme ne met pas toujours les amphibiens à l'abri du danger. Certains animaux comme les serpents sont **immunisés** contre le poison des amphibiens. Leur poison ne leur fait alors aucun mal.

Pour se protéger de leurs ennemis, certaines salamandres agitent leur queue en l'air. Lorsque le prédateur l'attrape, la queue se détache et la salamandre s'échappe. Une nouvelle queue pousse pour remplacer l'ancienne.

À la maison

Les amphibiens ont différents habitats à travers le monde. L'habitat est le milieu naturel où vivent les plantes et les animaux. Les amphibiens **aquatiques** vivent dans ou près des rivières, des lacs, des étangs, des marais et des grottes humides. Les amphibiens **terrestres** habitent les forêts, les déserts et les montagnes.

La plupart des amphibiens ont un domaine, c'est-à-dire un territoire où l'animal vit et trouve à manger. Les amphibiens connaissent leur domaine par cœur. Ils savent où se trouvent les meilleures sources de nourriture, quels prédateurs vivent à proximité et où sont les cachettes sûres pour leur échapper.

Les amphibiens aquatiques se cachent généralement parmi les plantes d'eau pour se reposer. Les amphibiens terrestres ont cependant besoin d'un abri sûr et humide. Certains s'emmitouflent dans des feuilles qui jonchent le sol de la forêt ou se cachent dans des souches pourries. D'autres s'abritent dans des trous ou des **terriers** abandonnés. Quelques-uns creusent même leurs propres terriers.

Survivre à la sécheresse

Parfois, une sécheresse se produit, ce qui signifie que toute l'eau d'une région s'évapore et disparaît. Les amphibiens meurent souvent durant les sécheresses, mais certains **s'adaptent** à ces conditions très sèches. Leur corps produit un manteau de mucus qui durcit comme une coquille. Cette coquille retient l'humidité dans le corps de l'animal jusqu'à ce qu'il pleuve à nouveau.

Dormir tout l'hiver

Certains amphibiens vivent dans des régions aux hivers froids. Pour ne pas geler, ils s'enterrent au fond d'un étang ou s'enfoncent profondément entre les racines d'un arbre. Durant l'hiver, leur corps entre dans un long sommeil qu'on appelle **hibernation**. Au printemps, ils se réveillent et sortent de leur cachette.

Cette visqueuse salamandre à points blancs sort de son terrier. Beaucoup de grenouilles et de salamandres creusent un terrier dans le sol. Ces terriers fournissent un abri contre les prédateurs et un endroit pour se rafraîchir lorsqu'il fait trop chaud.

Grenouilles
et crapauds

(en haut) Si une grenouille est surprise ou effrayée, elle déploie ses longues jambes pour s'échapper d'un bond rapide. Cette grenouille qui a senti le danger saute se mettre à l'abri dans son étang.

Les grenouilles adultes sont les meilleures sauteuses du monde amphibien. Elles ont de longues et puissantes pattes arrière qui leur permettent de faire de grands sauts. Les pattes de la grenouille sont aussi d'excellentes palmes pour la nage. Les pattes arrière du crapaud ne sont pas si longues que celles de la grenouille. C'est pourquoi il fait des bonds plus courts. Certains crapauds peuvent même marcher ou courir pour se déplacer.

Grimpantes et volantes

Les grenouilles arboricoles passent la majeure partie de leur vie au-dessus du sol. Leurs longs doigts aux extrémités collantes leur permettent de grimper aux troncs d'arbres, de s'accrocher aux branches et de se coller sous les feuilles. Les grenouilles volantes peuvent franchir de grandes distances en sautant, bien qu'elles ne volent pas vraiment. Leurs orteils possèdent de très larges palmes. Les grenouilles volantes utilisent ces palmes pour planer dans les airs, d'arbre en arbre.

Les grenouilles qui vivent dans les arbres sont dites arboricoles. Elles ont des yeux qui pivotent plus en avant que ceux des autres grenouilles et crapauds. Ce mouvement les aide à voir directement devant et sous elles lorsqu'elles sont au-dessus du sol.

Qu'est-ce qu'un crapaud ?

Un crapaud est une sorte de grenouille. Voici quelques-unes de ses caractéristiques importantes :

- Les crapauds n'ont pas de dents.
- Les crapauds ont une peau sèche couverte de bosses qu'on appelle verrues.
- Les crapauds ont des pattes arrière plus courtes que les autres grenouilles.
- Les crapauds sont moins actifs que les autres espèces d'anoures.

(à droite) Les crapauds sont presque toujours affamés ! Une fois qu'une araignée a été attrapée par la langue collante de ce crapaud du sud, elle a peu de chance de s'échapper.

Les salamandres

Presque toutes les salamandres adultes sont terrestres et passent leur temps à errer silencieusement. La plupart sont nocturnes, ce qui signifie qu'elles sont surtout actives la nuit. Sortir la nuit permet à ces amphibiens de ne pas être repérés par les prédateurs.

Une démarche souple

Les pattes avant et arrière de la salamandre terrestre sont placées très loin les unes des autres. Lorsqu'il marche, cet amphibien tord son corps d'un côté et de l'autre pour que chacune de ses pattes aille le plus loin possible. Ce mouvement donne à la salamandre une démarche en forme de S.

Certains tritons et salamandres ont un ventre coloré pour avertir leurs ennemis qu'ils sont toxiques. Lorsqu'ils sont attaqués, ces amphibiens lèvent la tête et la queue pour montrer leur ventre. Ce mouvement est appelé réflexe d'Unken.

Vivre sous l'eau

Les sirènes, les nectures et les amphiumes sont des salamandres aquatiques. Leur corps et leur façon de respirer sont différents de ceux de leurs cousins terrestres. Les sirènes ont un long corps, de minuscules pattes avant et pas de pattes arrière. Les sirènes et les nectures respirent sous l'eau grâce à des branchies. Les amphiumes, eux, respirent à travers des branchies circulaires, des orifices placés de chaque côté de leur tête. Les gros amphibiens aquatiques, comme la salamandre géante, captent l'oxygène à travers leur peau. Les nombreux plis de leur peau leur offrent une plus grande surface à travers laquelle respirer.

Certains tritons ont un cycle de vie qui comprend une étape supplémentaire. Pendant cette période, on les appelle des **elfes**. Cet elfe de triton vert vit sur terre pendant plusieurs années avant de retourner à l'eau une fois adulte.

Les sirènes, comme cette sirène naine, nagent en ondulant leur long corps à la manière des serpents.

Les cécilies

Les scientifiques savent peu de choses sur les cécilies, car la plupart de ces amphibiens vivent sous terre. Même si certaines vivent sous l'eau, elles sont très difficiles à dénicher. Bien que les cécilies aient une peau humide et poreuse, ces animaux sont bien différents des autres amphibiens.

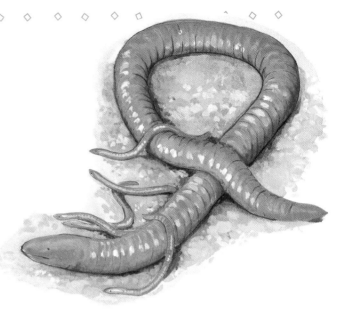

Les cécilies terrestres donnent naissance à des petits qui ressemblent à des adultes miniatures. Les cécilies aquatiques pondent des œufs et leurs larves suivent le processus de métamorphose.

Sur le sol

Les cécilies vivent sous les **tropiques**. Elles ne viennent sur terre que lorsque de fortes pluies ont inondé le sol. Pour se déplacer sur terre, les cécilies ondulent, elles se tordent d'un côté à l'autre de la même façon que les serpents. Les cécilies mangent les insectes qu'elles trouvent sur le sol mais ont peu de défenses contre les prédateurs. Il est plus sûr pour elles de rester sous terre.

Les scientifiques pensent que les cécilies utilisent leurs tentacules sensoriels pour goûter et sentir leur environnement.

Un joyeux fouisseur

Les cécilies sont des batraciens fouisseurs, c'est-à-dire qu'elles creusent le sol avec une grande facilité. Sous terre, elles se servent de leur tête dure et de leurs muscles puissants pour se frayer un passage dans le sol humide ou la boue. Les cécilies sont presque aveugles, car leurs yeux sont inutiles dans l'obscurité souterraine. Deux **tentacules sensoriels** les aident à se diriger et à trouver leurs proies.

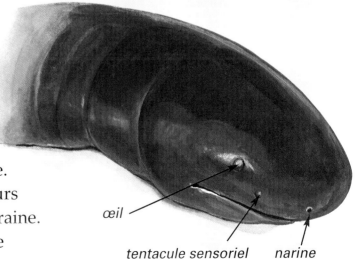

œil

tentacule sensoriel   narine

Trouver un partenaire

Beaucoup d'amphibiens passent leur vie tout seuls. Cependant, chaque printemps ou chaque été, mâles et femelles cherchent un partenaire pour se reproduire, c'est-à-dire faire des bébés. Pour trouver le bon partenaire, certaines espèces se rassemblent en groupes autour des étangs ou des points d'eau; on appelle ces endroits des sites de reproduction.

Je sais où je vais !

Le site de reproduction d'un amphibien est généralement l'endroit où il est né. Même s'il vit à une grande distance de ce site de reproduction, il y retourne d'**instinct**, ce qui signifie qu'il sait comment s'y rendre sans l'avoir appris.

(ci-dessous) Pendant l'accouplement, ce triton vert mâle s'agrippe à la femelle avec ses pattes arrière.

Regardez-moi !

Les amphibiens mâles déploient tous leurs talents pour trouver une partenaire. Les salamandres exécutent une parade nuptiale. Les mâles bougent leur corps d'une certaine façon pour prouver à la femelle qu'ils sont le meilleur mâle du coin. Certains agitent leur queue ou leurs pattes pour attirer l'attention des femelles. D'autres caressent la tête des femelles avec leur tête.

Le chant de l'amour

La plupart des grenouilles utilisent leur voix pour attirer les femelles ou effrayer les autres mâles. Pour produire leur chant nuptial, les mâles gonflent une poche de peau sous leur gorge, comme ci-dessus, qui s'appelle un **sac vocal**. L'air qui vibre dans ce sac vocal produit un coassement ou un gazouillis. Les mâles « chantent » sans ouvrir la bouche.

Les salamandres noirâtres pondent leurs œufs sous un rocher ou dans une souche pourrie. La mère s'enroule autour de sa couvée pour la protéger et conserver l'humidité jusqu'à la naissance des petits.

Beaucoup de grenouilles toxiques pondent leurs œufs sur terre. Le mâle attend que les œufs éclosent et transporte ensuite les larves sur son dos jusqu'à ce qu'elles se transforment en têtards.

Les parents

Les amphibiens pondent leurs œufs dans des endroits humides, dans l'eau ou sous une souche. Les œufs n'ont pas de coquille dure, seule une enveloppe gélatineuse les protège. Ils doivent rester humides pour que les embryons, à l'intérieur, ne meurent pas.

Combien d'œufs ?

Certains amphibiens pondent leurs œufs un par un en les cachant bien des prédateurs. Cependant, la plupart d'entre eux pondent un tas d'œufs qu'on appelle une couvée. Une petite couvée n'a que cinq œufs, mais la plupart en contiennent plus de 10 000. Certains amphibiens pondent même jusqu'à 30 000 œufs !

Parents et gardiens

Les amphibiens qui pondent un grand nombre d'œufs les abandonnent souvent après la ponte. Bien que les prédateurs en mangent quelques-uns, beaucoup éclosent. Les amphibiens qui pondent peu d'œufs à la fois restent près d'eux pour les protéger des prédateurs.

Certains amphibiens restent avec leurs petits pour leur apprendre à survivre. Cette grenouille arboricole aux yeux rouges fait faire une visite guidée à son bébé.

La disparition des amphibiens

Ces dernières années, les scientifiques ont remarqué que le nombre d'amphibiens diminuait. Certains amphibiens perdent leurs abris lorsque les hommes détruisent les **marais** ou coupent les arbres de la **forêt pluviale**. D'autres meurent à cause de la pollution comme les **pluies acides** qui empoisonnent l'eau. Les amphibiens meurent aussi dans des habitats sûrs et préservés, y compris dans les parcs nationaux. Un groupe de scientifiques, le groupe d'étude des populations d'amphibiens en déclin, étudie le problème et essaie de découvrir comment sauver les amphibiens qui restent.

La pollution est un sérieux problème pour les amphibiens. Dans des zones polluées, on a découvert des grenouilles et des salamandres ayant des membres manquants ou supplémentaires. Cette salamandre tigrée a une patte supplémentaire sur le corps.

Un environnement sain

Les amphibiens ne survivent que dans les eaux propres. Quand ils sont présents dans un milieu, cela signifie donc que l'endroit est sain. Nous avons besoin d'une eau propre pour boire et faire pousser nos plantes. Lorsqu'une zone abrite des amphibiens ayant des membres supplémentaires ou pas d'amphibiens du tout, cela veut dire que l'eau est polluée et que l'environnement est malsain pour les êtres vivants.

Les amphibiens nous aident en mangeant un grand nombre d'insectes. Les insectes mangent nos récoltes et communiquent des maladies aux hommes et aux animaux. Sans les amphibiens, il y aurait trop d'insectes qui causeraient des épidémies et détruiraient les récoltes.

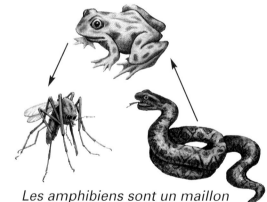

*Les amphibiens sont un maillon important de la **chaîne alimentaire**. Le crapaud de ce dessin va manger l'insecte avant d'être mangé par un plus gros animal. Lorsqu'un animal disparaît d'une chaîne alimentaire, les autres êtres vivants de cette chaîne ont beaucoup de difficulté à survivre.*

Glossaire

aquatique   Décrit un être vivant qui vit dans, sur ou près de l'eau

branchies   Les organes utilisés par un animal aquatique pour respirer l'oxygène de l'eau

carnivore   Un animal qui mange principalement de la viande

chaîne alimentaire   Un système dans lequel on mange et on est mangé

elfe   La troisième étape, terrestre, du cycle de vie de certains tritons

forêt pluviale   Une forêt qui reçoit plus de 200 centimètres de pluie par an

hibernation   Le sommeil hivernal durant lequel les battements de cœur et la respiration d'un animal ralentissent en même temps que sa température corporelle s'abaisse

hormone   Une substance produite par l'animal et qui l'aide à grandir

immunisé   Qui ne peut pas être blessé par le poison

instinct   Savoir comment faire quelque chose sans l'avoir appris

marais   Une zone dont le sol est inondé

oxygène   Un gaz que les animaux doivent respirer pour survivre

papilles gustatives   Minuscules organes sur la langue d'un animal qui captent le goût des objets

pluie acide   Pluie qui contient de la pollution

poumons   Les organes utilisés par un animal pour respirer l'oxygène de l'air

prédateur   Un animal qui chasse et mange d'autres animaux

sac vocal   Une grande poche de peau que les grenouilles gonflent pour produire des sons

s'adapter   Se transformer pour vivre dans un nouvel environnement

sang froid   Décrit un animal dont la température corporelle change avec celle de son environnement

tentacules sensoriels   Organes placés sur la tête des cécilies, qui leur permettent de sentir et de goûter

terrestre   Décrit un être vivant qui vit sur terre

terrier   L'abri souterrain creusé par un animal

têtard   La larve de la grenouille

tropiques   Une région dont le climat est chaud et humide

tympan   L'oreille externe de la grenouille

Index